컴선생 여우님이 알려주는

초판 발행일 | 2021년 5월 5일
지은이 | 해람북스 기획팀
펴낸이 | 최용섭
총편집인 | 이준우
기획진행 | 김미경
표지디자인 | 김영리

주소 | 서울시 용산구 한남대로 11길 12, 6층
문의전화 | 02-6337-5419 팩스 02-6337-5429
홈페이지 | http://www.hrbooks.co.kr

발행처 | (주)미래엔에듀파트너   **출판등록번호** | 제2016-000047호

ISBN 979-11-6571-146-7 13000

상담을 원하시거나 아이가 컴퓨터 수업에 참석할 수 없는 경우에 아래 연락처로
미리 연락주시기 바랍니다.

★컴퓨터 선생님 성함 : _____   ★내 자리 번호 : _____

★컴퓨터 교실 전화번호 : _____

★나의 컴교실 시간표   요일 : _____   시간 : _____

※ 학생들이 컴퓨터실에 올 때는 컴퓨터 교재와 필기도구를 꼭 챙겨서 올 수 있도록 해 주시고,
   인형, 딱지, 휴대폰 등은 컴퓨터 시간에 꺼내지 않도록 지도 바랍니다.

시간표 및 출석 확인란입니다. 꼭 확인하셔서 결석이나 지각이 없도록 협조
바랍니다.

_____ 월

월	화	수	목	금

시간표 및 출석 확인란입니다. 꼭 확인하셔서 결석이나 지각이 없도록 협조
바랍니다.

_____ 월

월	화	수	목	금

시간표 및 출석 확인란입니다. 꼭 확인하셔서 결석이나 지각이 없도록 협조
바랍니다.

_____ 월

월	화	수	목	금

나의 타자 단계

이름 : _____

⭐ 오타 수가 5개를 넘지 않는 친구는 선생님께 확인을 받은 후 다음 단계로 넘어가서 연습합니다.

자리 연습	1단계	2단계	3단계	4단계	5단계	6단계	7단계	8단계
보고하기								
안보고하기								

낱말 연습	1단계	2단계	3단계	4단계	5단계	6단계	7단계	8단계
보고하기								
안보고하기								

자리연습	1번 연습	2번 연습	3번 연습	4번 연습	5번 연습	6번 연습	7번 연습	8번 연습
10개 이상								
20개 이상								
30개 이상								

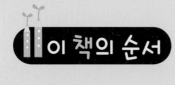

이 책의 순서

한쇼 2016

01 한쇼 마음대로 다루기

 학습목표

• 슬라이드에 내용을 입력하고 슬라이드를 추가해요.
• 슬라이드 레이아웃을 변경해요.
• 작성한 문서를 저장해요.

▶ 완성 파일 : 01_과일_완성.show

미션 1) 슬라이드에 내용을 입력해 보아요.

1 [윈도우 로고 키(⊞)]-[한쇼] 메뉴를 클릭하여 한쇼 프로그램을 실행합니다.

2 제목 개체 틀을 클릭하여 "새콤 달콤 맛있는 과일"을 입력하고, 부제목 개체 틀에는 자신의 이름을 입력합니다.

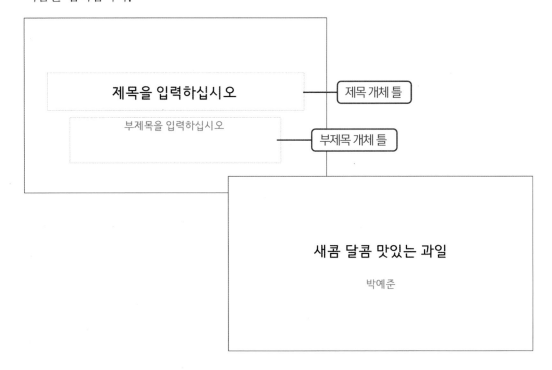

③ [편집] 탭-[새 슬라이드(📄)]-[제목 및 내용]을 클릭하여 [제목 및 내용] 슬라이드를 추가합니다.

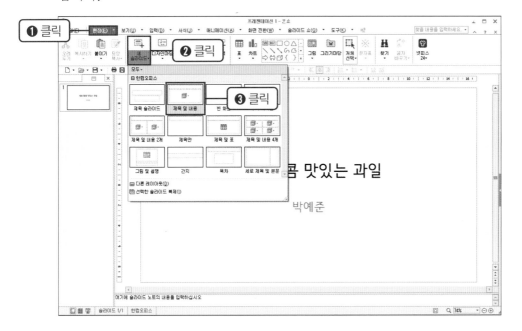

④ 슬라이드가 추가되면 그림과 같이 두 번째 슬라이드의 내용을 입력합니다.

맛있는 과일들

- 딸기
- 귤
- 사과
- 포도
- 배
- 수박
- 복숭아

▲ 슬라이드 2

슬라이드 레이아웃을 변경해 보아요.

① [슬라이드 목록] 창의 빈 공간을 클릭한 후 Enter 를 눌러 새 슬라이드가 추가되면 [편집] 탭–
[레이아웃(▣)]–[비교]를 클릭한 후 그림과 같이 세 번째 슬라이드의 내용을 입력합니다.

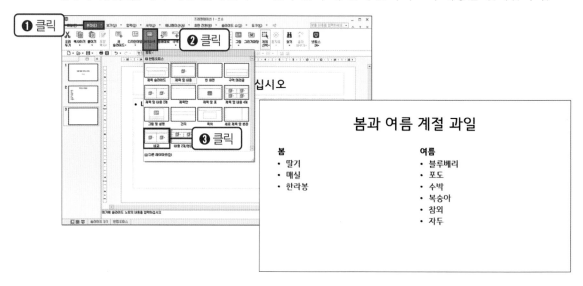

봄과 여름 계절 과일

봄
• 딸기
• 매실
• 한라봉

여름
• 블루베리
• 포도
• 수박
• 복숭아
• 참외
• 자두

Tip
[슬라이드 목록] 창에서 슬라이드를 선택한 후 마우스 오른쪽 단추를 클릭하고 [새 슬라이드]를 클릭해도 슬라이드를 추가할 수 있어요.

---

② 같은 방법으로 네 번째 슬라이드를 추가한 후 내용을 입력합니다.

가을과 겨울 계절 과일

가을
• 사과
• 블루베리
• 유자
• 배
• 귤
• 석류

겨울
• 사과
• 딸기
• 유자
• 귤
• 석류

▲ 슬라이드 4

미션 3 **문서를 저장해 보아요.**

① 작성한 문서를 저장하기 위해 [파일] 탭-[저장하기] 메뉴를 클릭합니다.

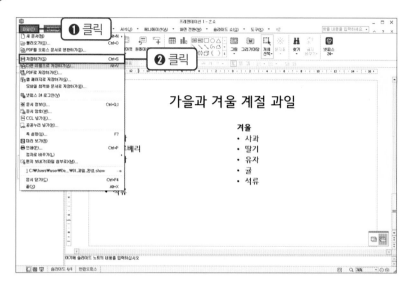

② [다른 이름으로 저장] 대화상자가 나타나면 '저장 위치'를 지정하고 '파일 이름'을 입력한 후 [저장] 단추를 클릭합니다.

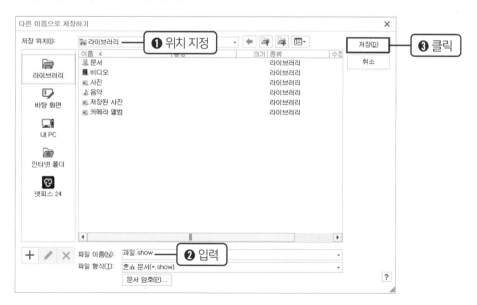

③ 파일을 저장한 후 [파일] 탭-[끝(⊗)] 메뉴를 클릭하여 한쇼를 종료합니다.

01 혼자 할 수 있어요!

• 완성 파일 : 01_컴퓨터교실_완성.show

01 그림과 같이 프레젠테이션을 작성하고 '컴퓨터교실.show'로 저장해 보세요.

컴퓨터 교실 둘러보기

이하영

▲ 슬라이드 1

컴퓨터실에는 이런 물건이 있어요

- 책상
- 칠판
- 키보드
- 마우스
- 컴퓨터

▲ 슬라이드 2

컴퓨터 교실에서 지켜야 할 일

해야 할 일
- 타자연습 하기
- 선생님 말씀 잘 듣기
- 책과 필기도구 준비하기
- 질문이 있을때에는 조용히 손 들기

하면 안 되는 일
- 떠들기
- 뛰어다니기
- 음식 먹기
- 게임

▲ 슬라이드 3

Hint
- 슬라이드 1 레이아웃 : [제목 슬라이드]
- 슬라이드 2 레이아웃 : [제목 및 내용]
- 슬라이드 3 레이아웃 : [비교]

02 글자 모양 마음대로 꾸미기

학 습 목 표

• 글자 모양을 다양하게 꾸며요.
• 글머리표를 삽입해요.

▶ 완성 파일 : 02_감기_.show

미션 1 글자 모양을 다양하게 꾸며 보아요.

❶ 제목과 부제목을 입력한 후 '감기' 글자를 블록 지정하고 [서식] 탭에서 원하는 글꼴 서식을 지정합니다. 이어서 같은 방법으로 글꼴 서식을 변경합니다.

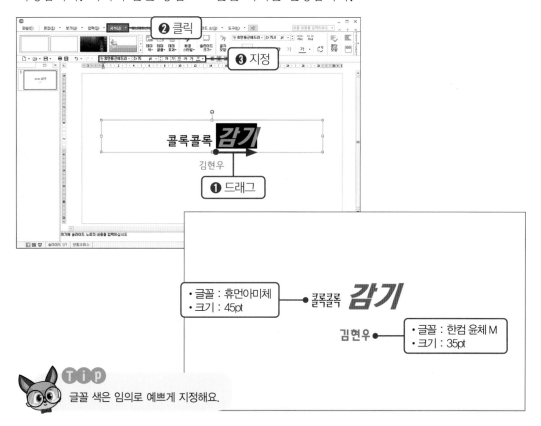

• 글꼴 : 휴먼아미체
• 크기 : 45pt

콜록콜록 감기

김현우

• 글꼴 : 한컴 윤체 M
• 크기 : 35pt

Tip
글꼴 색은 임의로 예쁘게 지정해요.

미션 2) 글머리표를 삽입해 보아요.

1 그림과 같이 슬라이드를 추가하여 내용을 작성하고 글꼴 서식을 지정합니다.

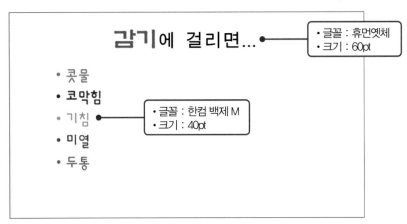

▲ 슬라이드 2

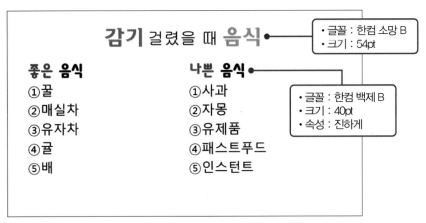

▲ 슬라이드 3

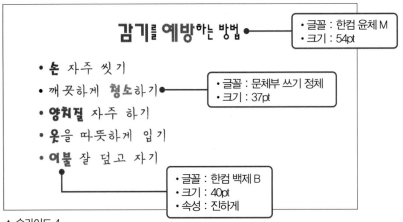

▲ 슬라이드 4

2 두 번째 슬라이드의 내용 개체 틀을 선택한 후 [서식] 탭-[글머리표 매기기(☰)]를 클릭하여 글머리표를 선택합니다.

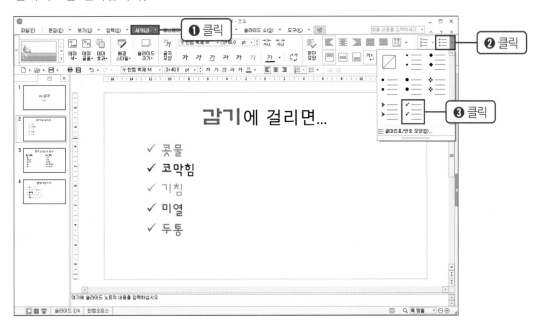

3 같은 방법으로 세 번째 슬라이드와 네 번째 슬라이드의 내용 개체 틀을 선택한 후 글머리표를 변경해 봅니다.

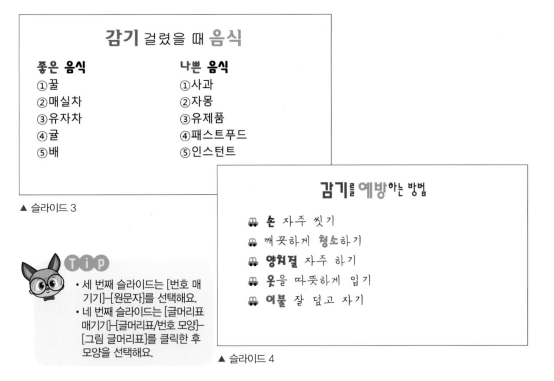

▲ 슬라이드 3

Tip
• 세 번째 슬라이드는 [번호 매기기]-[원문자]를 선택해요.
• 네 번째 슬라이드는 [글머리표 매기기]-[글머리표/번호 모양]-[그림 글머리표]를 클릭한 후 모양을 선택해요.

▲ 슬라이드 4

02 혼자 할 수 있어요!

• 완성 파일 : 02_새학기_완성.show

01 그림과 같이 프레젠테이션을 작성하고 '새학기.show'로 저장해 보세요.

두근두근 **새학기**

한서윤

• 글꼴 : 휴먼옛체
• 크기 : 80pt
• 속성 : 진하게

▲ 슬라이드 1

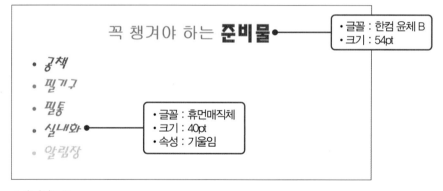

꼭 챙겨야 하는 **준비물**

• 공책
• 필기구
• 필통
• 실내화
• 알림장

• 글꼴 : 한컴 윤체 B
• 크기 : 54pt

• 글꼴 : 휴먼매직체
• 크기 : 40pt
• 속성 : 기울임

▲ 슬라이드 2

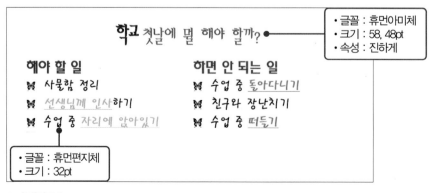

학교 첫날에 뭘 해야 할까?

해야 할 일
✖ 사물함 정리
✖ 선생님께 인사하기
✖ 수업 중 자리에 앉아있기

하면 안 되는 일
✖ 수업 중 돌아다니기
✖ 친구와 장난치기
✖ 수업 중 떠들기

• 글꼴 : 휴먼아미체
• 크기 : 58, 48pt
• 속성 : 진하게

• 글꼴 : 휴먼편지체
• 크기 : 32pt

▲ 슬라이드 3

03 한자와 그림 삽입하기

학 습 목 표

- 한자를 입력해요.
- 클립아트를 삽입해요.
- 도형 스타일을 적용해요.

▶ 완성 파일 : 03_한자카드_완성.show

미션 1 한자를 입력해 보아요.

① 슬라이드 레이아웃을 [비교] 레이아웃으로 변경한 후 그림과 같이 내용을 입력합니다. 이어서 글꼴 서식을 지정합니다.

- 글꼴 : 한컴 바겐세일 B
- 크기 : 30pt

쉽게 공부하는 동물 한자 카드

- 글꼴 : 한컴 솔잎 B
- 크기 : 50pt

소 우

- 내용을 입력하십시오

양 양

- 글꼴 : 휴먼모음T
- 크기 : 28pt
- 속성 : 진하게

- 내용을 입력

2 '우' 글자를 블록 지정한 후 [입력] 탭-[글자 바꾸기(🈁)]-[한자로 바꾸기]를 클릭하여 [한자로 바꾸기] 대화상자가 나타나면 '牛'를 선택하고 [입력 형식]에서 '한글(漢字)'을 선택한 후 [바꾸기] 단추를 클릭합니다.

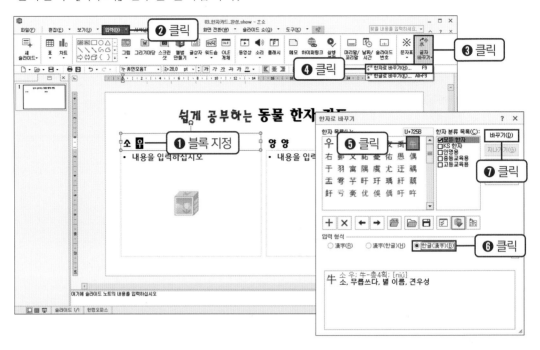

3 **2**와 같은 방법으로 '양' 글자를 블록 지정한 후 [한자]를 눌러 한자로 변경한 후 가운데 정렬 합니다.

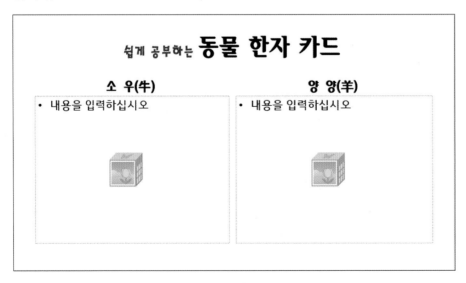

미션 2 클립아트를 삽입해 보아요.

1 내용 개체 틀 안에 있는 아이콘을 클릭하고 [그리기마당]을 클릭하여 [그리기마당] 대화상
자가 나타나면 [기본 클립아트] 탭–[전통(십이지)]–[소]를 선택한 후 [넣기] 단추를 클릭
합니다.

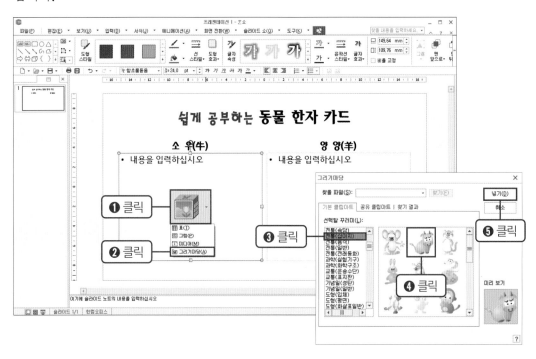

2 같은 방법으로 '양' 내용 개체 틀에 '양' 클립아트를 삽입합니다.

미션3 도형 스타일을 적용해 보아요.

❶ '소' 내용 개체 틀의 제목 상자를 선택하고 [📷] 탭-[도형 스타일]-[자세히]를 클릭한 후 [테두리 - 강조 6, 채우기 - 본문/배경 밝은 색 1]을 선택합니다.

❷ ❶과 같은 방법으로 '양' 내용 개체 틀의 제목 상자를 선택하여 도형 스타일을 변경합니다.

03 혼자 할 수 있어요!

• 완성 파일 : 03_숫자카드_완성.show

01 그림과 같이 프레젠테이션을 작성하고 '숫자카드.show'로 저장해 보세요.

▲ 슬라이드 1

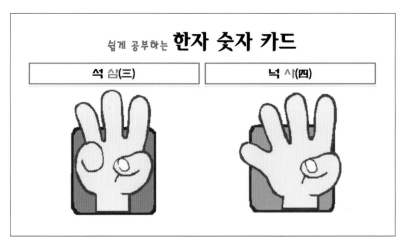

▲ 슬라이드 2

Hint

• [비교] 레이아웃 선택
• [그리기마당]-[기본 클립아트] 탭-[아이콘(인체)]에서 클립아트 삽입

04 도형 삽입하고 서식 지정하기

 도형을 삽입하고 테두리를 지정해 보아요.

❶ 슬라이드 레이아웃을 [빈 화면]으로 변경하고 [입력] 탭-[배지(⬡)] 도형을 선택한 후 마우스를 드래그하여 삽입합니다.

❷ 삽입한 '배지' 도형을 더블클릭하여 [개체 속성] 대화상자가 나타나면 [채우기] 탭에서 종류를 '없음'으로 지정합니다. 이어서 [선] 탭에서 선 굵기를 '8 pt'로, 선 색을 '강조 2 루비색'으로 지정한 후 [네온] 탭에서 [네온 효과]를 '강조 색 2, 15 pt'로 선택하고 [설정] 단추를 클릭합니다.

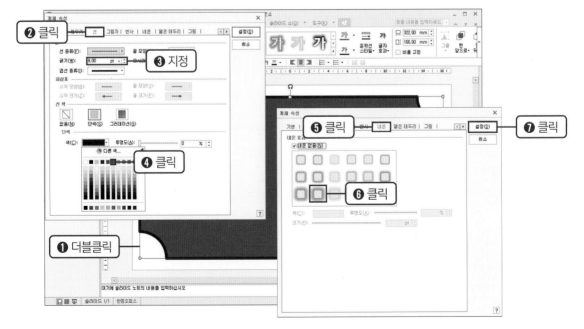

미션 2 글상자를 삽입하고 내용을 입력해 보아요.

❶ [입력] 탭–[가로 글상자(▤)]를 선택하여 삽입한 후 "생일 파티 초대장"을 입력하고 글꼴 서식을 지정합니다.

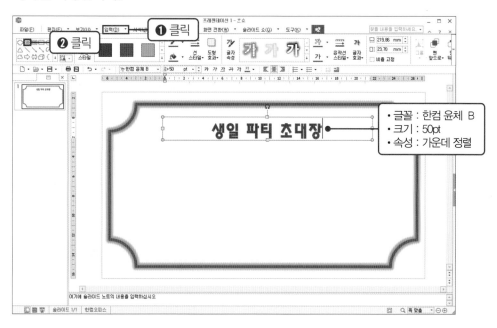

❷ ❶과 같은 방법으로 글상자를 삽입한 후 내용을 입력하고 글꼴 서식을 지정합니다.

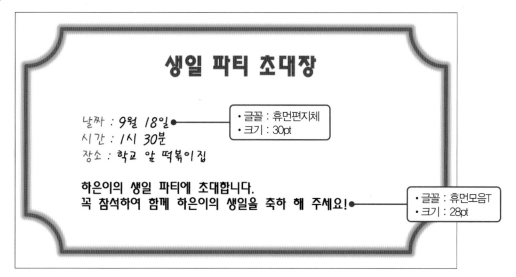

❶ [입력] 탭-[그리기마당(🖼)]에서 원하는 클립아트를 선택하여 그림과 같이 초대장을 꾸밉니다.

❷ 슬라이드의 왼쪽 위에서 오른쪽 아래 방향으로 마우스를 드래그하여 모든 개체를 선택합니다. 이어서 슬라이드 영역에서 마우스 오른쪽 단추를 클릭한 후 [그룹화]-[개체 묶기]를 클릭하여 여러 개체를 하나로 묶습니다.

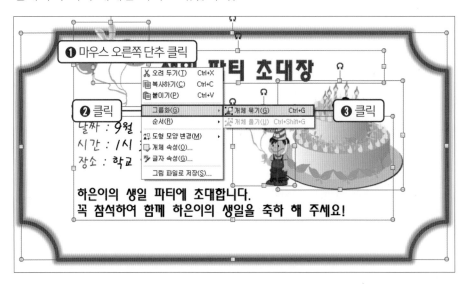

혼자 할 수 있어요!

01 그림과 같이 프레젠테이션을 작성하고 '쿠폰.show'로 저장해 보세요.

• 완성 파일 : 04_쿠폰_완성.show

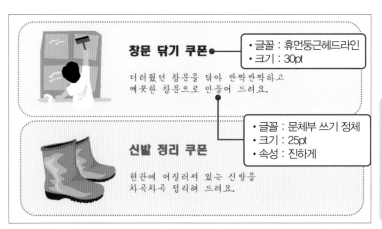

창문 닦기 쿠폰 ──○ • 글꼴 : 휴먼둥근헤드라인
• 크기 : 30pt

더러웠던 창문을 닦아 반짝반짝하고
깨끗한 창문으로 만들어 드려요.

• 글꼴 : 문체부 쓰기 정체
• 크기 : 25pt
• 속성 : 진하게

신발 정리 쿠폰

현관에 어질러져 있는 신발을
차곡차곡 정리해 드려요.

Hint
• [빈 화면] 레이아웃 선택
• '모서리가 둥근 직사각형' 도형 삽입
• '텍스트 상자' 삽입
• [그리기마당]−[기본 클립아트] 탭−
  [유치원(일반1)], [패션(신발)]에서
  클립아트 삽입
• 글꼴 색 및 도형 서식 임의 지정

02 그림과 같이 프레젠테이션을 작성하고 '교통표지판.show'로 저장해 보세요.

• 완성 파일 : 04_교통표지판_완성.show

유턴금지

우회전금지

Hint
• [빈 화면] 레이아웃 선택
• '직사각형' 도형 삽입
• [그리기마당]−[기본 클립아트] 탭−
  [교통(안전표지)], [교통(운송수단)]
  에서 클립아트 삽입
• 글꼴 색 및 도형 서식 임의 지정

• 글꼴 : 한컴 윤체 B
• 크기 : 60pt

05 워드숍 삽입하기

학 습 목 표

• 도형 스타일을 설정해요.
• 클립아트를 삽입하고 회전시켜요.
• 워드숍을 삽입해요.

▶ 완성 파일 : 05_메모카드_완성.show

미션 1 **도형 스타일을 설정해 보아요.**

❶ 슬라이드 레이아웃을 [빈 화면]으로 변경한 후 [입력] 탭-[직사각형(□)] 도형을 삽입하고 채우기 색을 '제목/배경 - 어두운 색 2 검은 바다색 50% 어둡게'로, 선 색을 '선 없음'으로 지정합니다.

❷ '직사각형' 도형을 선택하고 Ctrl + Shift 를 누른 상태로 아래쪽으로 드래그하여 도형을 복사한 후 탭-[도형 스타일]-[어두운 계열 - 강조 3]을 선택합니다.

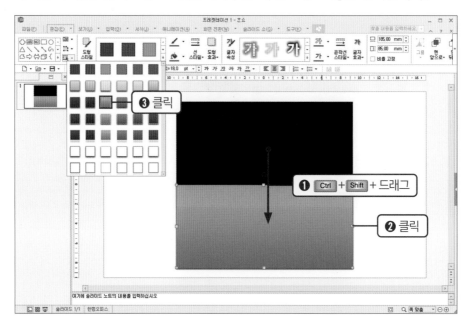

클립아트를 삽입하고 회전시켜 보아요.

① [입력] 탭-[그리기마당(🖼)]을 클릭하여 [그리기마당] 대화상자가 나타나면 '마녀'와 '할로 윈'을 검색하여 클립아트를 삽입한 후 회전 조절점(↻)을 드래그하여 개체를 회전시킵니다.

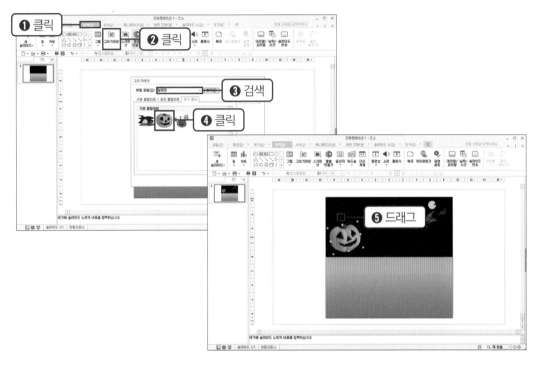

② 이어서 [입력] 탭-[모서리가 둥근 직사각형(⬜)], [선(◥)] 도형을 삽입한 후 그림과 같이 선 스타일과 채우기 색을 설정합니다.

미션 3 워드숍으로 다양한 효과를 적용해 보아요.

1 [입력] 탭-[워드숍(셔텍)]-[윤곽 - 강조 3, 그림자]를 클릭합니다.

2 워드숍이 삽입되면 내용을 입력한 후 글꼴 서식을 지정하고 위치를 조절합니다.

혼자 할 수 있어요!

05

01 그림과 같이 프레젠테이션을 작성하고 '크리스마스카드.show'로 저장해 보세요.

• 완성 파일 : 05_크리스마스카드_완성.show

워드숍
• 채우기 - 강조 2, 윤곽 - 강조 2 (어두운 계열)
• 글꼴 : 휴먼옛체
• 크기 : 60pt

Hint
• [빈 화면] 레이아웃 선택
• '모서리가 둥근 직사각형', '선' 도형 삽입
• '나무', '산타', '크리스마스' 클립아트 삽입

02 그림과 같이 프레젠테이션을 작성하고 '공부중.show'로 저장해 보세요.

• 완성 파일 : 05_공부중_완성.show

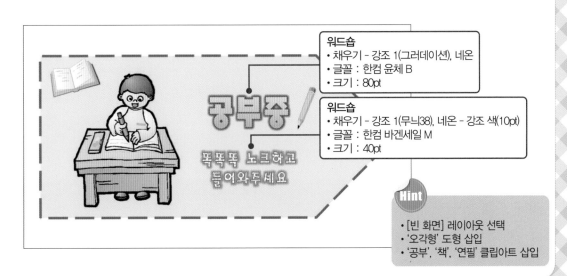

워드숍
• 채우기 - 강조 1(그러데이션), 네온
• 글꼴 : 한컴 윤체 B
• 크기 : 80pt

워드숍
• 채우기 - 강조 1(무늬38), 네온 - 강조 색(10pt)
• 글꼴 : 한컴 바겐세일 M
• 크기 : 40pt

Hint
• [빈 화면] 레이아웃 선택
• '오각형' 도형 삽입
• '공부', '책', '연필' 클립아트 삽입

06 그림 자르기 기능 이용하기

• 슬라이드의 배경 속성을 설정해요.
• 슬라이드에 그림을 삽입해요.
• 삽입한 그림을 자르기 해요.

▶ 예제 파일 : 꽃.png, 나무1~2.png, 물조리개.png, 산.png, 집.png
▶ 완성 파일 : 06_농장_완성.show

미션 1) 슬라이드의 배경 속성을 설정해 보아요.

① 슬라이드 레이아웃을 [빈 화면]으로 변경한 후 마우스 오른쪽 단추를 클릭하고 [배경 속성]을 클릭하여 [배경 속성] 대화상자가 나타나면 [채우기] 탭에서 색을 '강조 5 에메랄드 블루 80% 밝게'로 지정합니다.

② [입력] 탭-[직사각형(□)] 도형을 삽입한 후 채우기 색을 '강조 4 멜론색 20% 밝게'로, 선 색을 '선 없음'으로 지정합니다.

삽입

미션 2 ## 슬라이드에 그림을 삽입해 보아요.

1 [입력] 탭-[그림(📷)]을 클릭하고 '나무1~2.png', '산.png' 그림을 선택하여 삽입한 후 크기와 위치를 조절합니다.

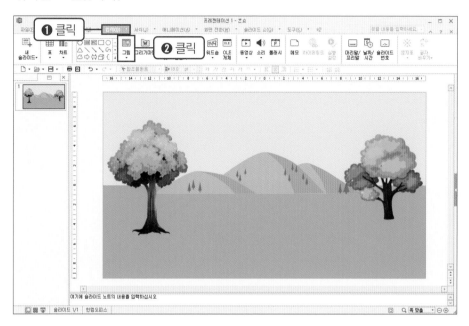

2 '집.png' 그림을 삽입한 후 📷 탭-[회전(🔄)]-[좌우 대칭]을 클릭합니다.

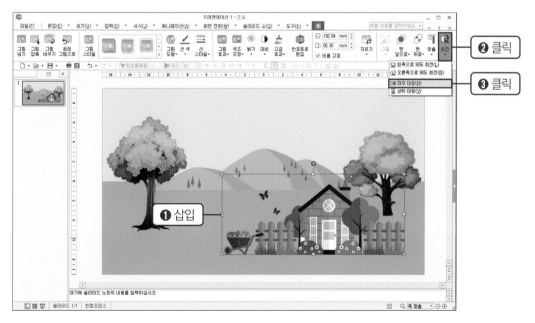

① '꽃.png' 그림을 삽입한 후 [📷] 탭-[자르기(✂)]를 클릭하여 자르기 영역을 지정한 후 다시 [자르기(✂)]를 클릭합니다.

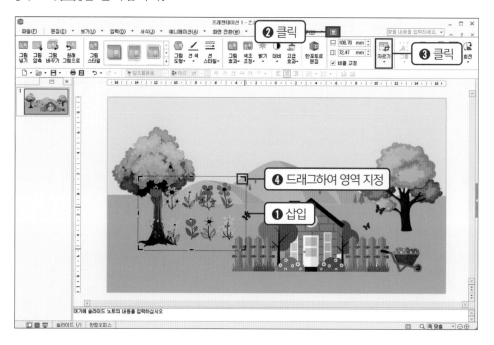

② '물조리개.png' 그림과 '구름(☁)' 도형을 삽입하여 그림과 같이 완성해 봅니다.

06 혼자 할 수 있어요!

01 그림과 같이 프레젠테이션을 작성하고 '여름.show'로 저장해 보세요.

• 예제 파일 : 여름1~11.png
• 완성 파일 : 06_여름_완성.show

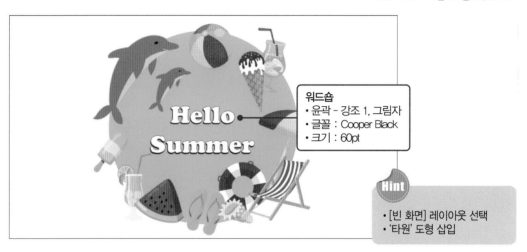

워드숍
• 윤곽 - 강조 1, 그림자
• 글꼴 : Cooper Black
• 크기 : 60pt

Hint
• [빈 화면] 레이아웃 선택
• '타원' 도형 삽입

02 그림과 같이 프레젠테이션을 작성하고 '해변.show'로 저장해 보세요.

• 예제 파일 : 해변.png
• 완성 파일 : 06_해변_완성.show

Hint
• [빈 화면] 레이아웃 선택
• 배경 속성 : 강조 5 에메랄드
  블루 80% 밝게
• '순서도: 문서' 도형 삽입
• 그림 : 자르기 기능 이용

07 슬라이드 테마 지정하기

 학습목표

- 슬라이드에 디자인 테마를 적용해요.
- 그림을 자유형으로 자르기 해요.
- 슬라이드를 복제해요.

▶ 예제 파일 : 여행1~3.png
▶ 완성 파일 : 07_여행_완성.show

미션1 슬라이드에 디자인 테마를 적용해 보아요.

① 슬라이드 레이아웃을 [제목 슬라이드]로 변경한 후 [서식] 탭-[자세히]-[여행] 테마를 선택합니다.

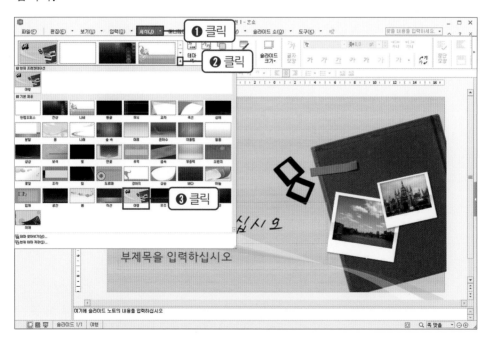

2 제목과 내용을 입력하고 글꼴 서식을 지정합니다.

- 글꼴 : 한컴 쿨재즈 M
- 크기 : 75pt

- 글꼴 : 함초롬돋움
- 크기 : 32pt

3 [제목 및 내용] 슬라이드를 추가하고 제목을 입력한 후 [입력] 탭–[평행 사변형(▱)] 도형을 삽입하고 서식을 지정합니다. 이어서 [🖼] 탭–[맨 뒤로(🔲)]를 클릭합니다.

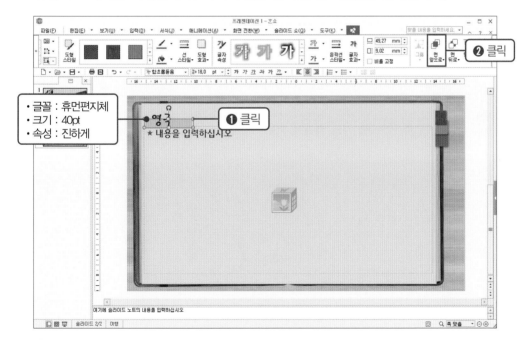

- 글꼴 : 휴먼편지체
- 크기 : 40pt
- 속성 : 진하게

❶ 클릭

❷ 클릭

미션 2 그림을 삽입하고 자유형으로 잘라 보아요.

① 내용 개체 틀에 내용을 입력하고 '여행1.png' 그림을 삽입한 후 [🖼] 탭-[자르기(🔲)]-
[자유형으로 자르기]를 클릭합니다.

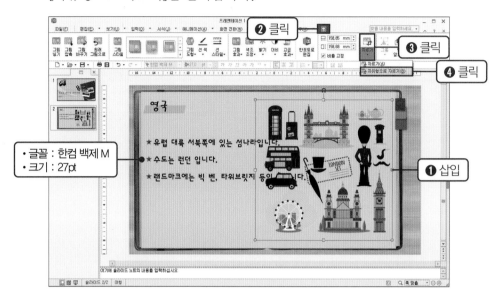

•글꼴 : 한컴 백제 M
•크기 : 27pt

② 마우스를 드래그하여 필요한 영역을 선택하여 자르기 합니다.

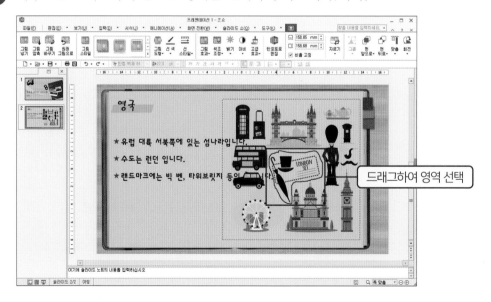

드래그하여 영역 선택

③ ①~②와 같은 방법으로 그림을 자르기 하여 슬라이드를 꾸밉니다.

미션 3 슬라이드를 복제해 보아요.

1 두 번째 슬라이드를 선택하고 마우스 오른쪽 단추를 클릭한 후 [선택한 슬라이드 복제]를 두 번 클릭하여 슬라이드를 2개 복제합니다.

2 복제된 슬라이드의 내용을 변경하고 그림을 삽입하여 꾸며 봅니다.

▲ 슬라이드 3

▲ 슬라이드 4

혼자 할 수 있어요!

• 예제 파일 : 모나리자.jpg, 미술관.png, 해바라기.jpg
• 완성 파일 : 07_명화_완성.show

01 그림과 같이 프레젠테이션을 작성하고 '명화.show'로 저장해 보세요.

• 글꼴 : 안상수2006중간
• 크기 : 38pt

한쇼로 알아보는 **명화 이야기**

• 글꼴 : 휴먼둥근헤드라인
• 크기 : 60pt

▲ 슬라이드 1

빈센트 반 고흐의 '해바라기'

• 글꼴 : 한컴 윤체 M
• 크기 : 44pt
• 속성 : 기울임

• 네덜란드 국적인 빈센트 반 고흐가 1888년에 제작한 작품입니다.
• 현재 런던 내셔널 갤러리에 소장되어 있습니다.

그림 스타일 : 광택

• 글꼴 : 휴먼모음T
• 크기 : 28pt

▲ 슬라이드 2

레오나르도 다 빈치의 '모나리자'

• 이탈리아 국적인 레오나르도 다 빈치가 그린 초상화 입니다.
• 이 그림은 눈썹이 없는 것으로 유명합니다.
• 현재 프랑스 루브르 박물관에 소장 되어 있습니다.

그림 스타일 : 진한 회색 무광

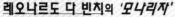

Hint

• 슬라이드 1 레이아웃 : [제목 슬라이드]
• 슬라이드 2~슬라이드 3 : [제목 및 내용 2개] 레이아웃
• [분할] 테마, [어울림] 테마 색 지정
• 그림 : 자르기 기능 이용

▲ 슬라이드 3

08 슬라이드 방향 설정하기

학 습 목 표

• 세로 방향 슬라이드를 만들어요.
• 색 골라내기로 도형에 채우기 색을 적용해요.
• 워드숍에 효과를 적용해요.

▶ 예제 파일 : 계획표1~3.png
▶ 완성 파일 : 08_생활계획표_완성.show

 세로 방향 슬라이드를 만들어 보아요.

① 슬라이드 레이아웃을 [빈 화면]으로 변경한 후 [서식] 탭-[슬라이드 크기(▱)]-[쪽 설정]을 클릭하여 [쪽 설정] 대화상자가 나타나면 용지 종류를 'A4 용지', 슬라이드 방향을 '세로'로 지정한 후 [확인] 단추를 누르고 [맞춤 확인]을 클릭합니다.

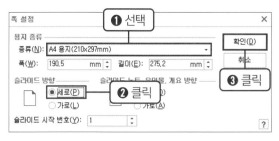

② [입력] 탭-[그리기마당(▦)]을 클릭하여 [그리기마당] 대화상자가 나타나면 [공유 클립 아트] 탭-[계획표]-[생활계획표09]를 선택한 후 [넣기] 단추를 클릭합니다.

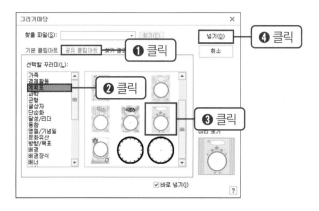

색 골라내기로 도형에 채우기 색을 적용해 보아요.

❶ '선(◻)' 도형을 삽입하고 선 굵기를 '3 pt'로 지정한 후 [◻] 탭-[선 색(◻)]-[색 골라내기]를 클릭하고 마우스 포인터의 모양이 바뀌면 생활계획표의 테두리 색을 클릭합니다.

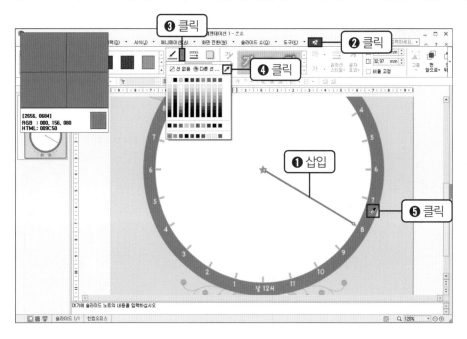

❷ '포인트가 5개인 별(☆)' 도형을 삽입하고 도형 효과를 지정한 후 [◻] 탭-[채우기 색(◻)]-[색 골라내기]를 클릭하여 마우스 포인터의 모양이 바뀌면 별의 색을 클릭합니다.

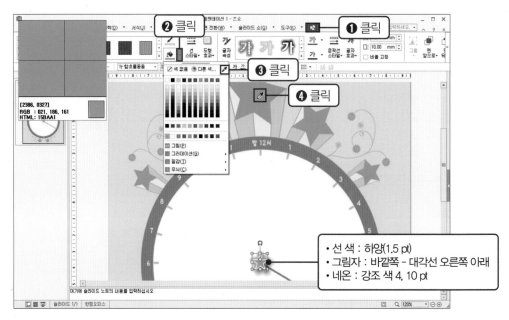

• 선 색 : 하양(1.5 pt)
• 그림자 : 바깥쪽 - 대각선 오른쪽 아래
• 네온 : 강조 색 4, 10 pt

미션 3 **워드숍을 삽입하고 효과를 적용해 보아요.**

❶ 워드숍을 삽입한 후 [🖾] 탭–[글자 효과(**가**)]–[변환]–[이중 물결 1]을 클릭합니다.

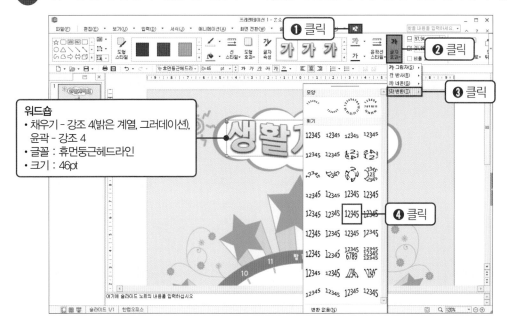

워드숍
• 채우기 - 강조 4(밝은 계열, 그러데이션), 윤곽 - 강조 4
• 글꼴 : 휴먼둥근헤드라인
• 크기 : 46pt

❷ 앞서 배운 내용을 참고하여 워드숍, 그림, 도형을 이용하여 생활계획표를 완성합니다.

• 글꼴 : 한컴 바겐세일 B
• 크기 : 44pt
• 속성 : 가운데 정렬

08 혼자 할 수 있어요!

• 예제 파일 : 카페1~2.png
• 완성 파일 : 08_메뉴판_완성.show

01 그림과 같이 프레젠테이션을 작성하고 '메뉴판.show'로 저장해 보세요.

워드숍
• 채우기 - 강조 2(그러데이션), 윤곽 - 밝은 색 1
• 글꼴 : 휴먼옛체
• 크기 : 76pt
• 글자 효과 : 그림자 - 바깥쪽 - 대각선 오른쪽 위/변환 - 사각형

• 글꼴 : 휴먼편지체
• 크기 : 40pt
• 속성 : 진하게, 가운데 정렬

Hint
• [빈 화면] 레이아웃 선택
• [그리기마당]-[기본 클립아트] 탭-[배경(그림2)]-[배경01] 클립아트 삽입
• '액자' 도형 삽입
• 그림 : 자르기 기능 이용

09 표 삽입하기

미션 1 표를 삽입하고 테두리와 채우기 색을 지정해 보아요.

❶ 슬라이드 레이아웃을 [빈 화면]으로 변경한 후 [편집] 탭-[표(▦)]를 클릭하여 [표 만들기] 대화상자가 나타나면 줄 수 '4', 칸 수 '4'로 지정하고 [만들기] 단추를 클릭합니다.

❷ ▦ 탭에서 [머리글 행]과 [줄무늬 행] 체크를 해제한 후 [테두리(▦)]-[모든 테두리]를 클릭합니다.

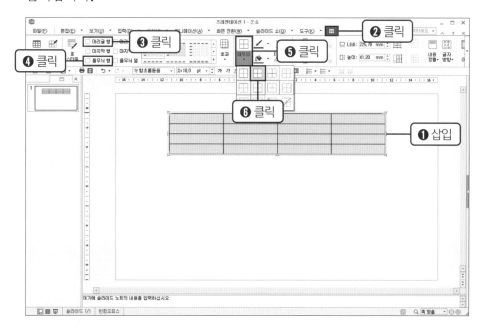

3 삽입한 표의 크기와 위치를 변경하고 표 안에 내용을 입력한 후 마우스를 드래그하여 셀을 선택하고 ▦ 탭−[채우기 색(☀)]−[제목/배경 – 어두운 색 2, 검은 바다색 90% 밝게]를 선택합니다.

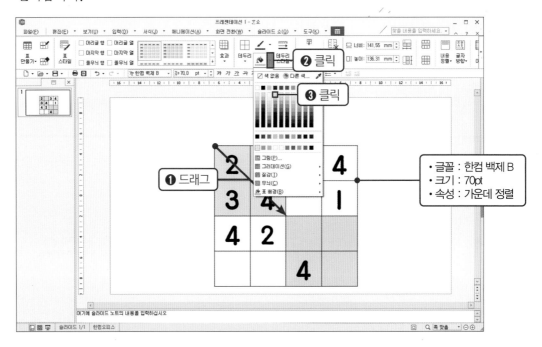

4 '워드숍'과 '가로 글상자(▤)'를 삽입하여 제목을 입력한 후 글꼴 서식을 지정합니다.

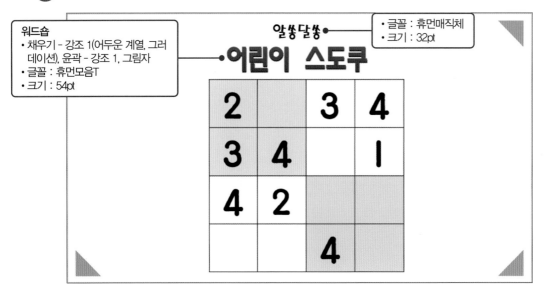

미션 2 그림을 삽입하고 배경을 투명한 색으로 설정해 보아요.

❶ '배경.png', '숫자.jpg' 그림을 삽입하고 '숫자.jpg' 그림을 선택한 후 [그림] 탭-[색조 조정(📷)]-
[투명한 색 설정]을 클릭하고 마우스 포인터의 모양이 바뀌면 흰색 배경을 클릭합니다.

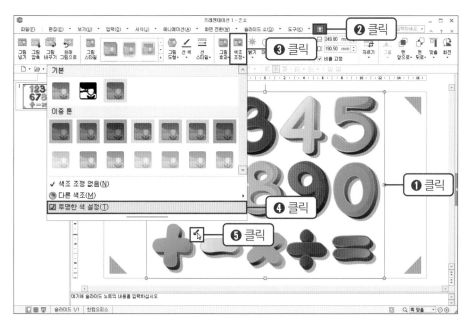

❷ 그림의 배경이 투명하게 설정되면 [그림] 탭-[자르기(📷)]를 클릭하여 그림을 자른 후 크기와
위치를 조절하여 그림과 같이 완성합니다.

09 혼자 할 수 있어요!

• 예제 파일 : 학교1~4.jpg
• 완성 파일 : 09_시간표_완성.show

01 표를 삽입하여 다음과 같은 프레젠테이션을 만들어 보세요.

워드숍
• 채우기 - 강조 5(어두운 계열, 그러데이션)
  윤곽 - 강조 5, 그림자
• 글꼴 : 휴먼둥근헤드라인
• 크기 : 44pt

• 글꼴 : 휴먼엑스포
• 크기 : 24pt

• 글꼴 : 한컴 백제 M
• 크기 : 24pt

우리반 학급 시간표

	월요일	화요일	수요일	목용일	금요일
1교시	국어	국어	영어	수학	체육
2교시	영어	체육	국어	창체	국어
3교시	과학	사회	과학	체육	수학
4교시	음악	수학	수학	국어	과학
5교시	도덕	창체	사회	미술	음악
6교시				미술	

• 글꼴 : 한컴 소망 M
• 크기 : 20pt

Hint
• [제목만] 레이아웃 선택
• '액자', '오각형' 도형 삽입
• '줄 수 : 7', '칸 수 : 6' 표 삽입

02 그림을 삽입하고 투명한 색 설정과 자르기 기능을 이용하여 그림과 같은 프레젠테이션을 완성해 보세요.

10 표 스타일 지정하고 셀 합치기

 학 습 목 표

- 표를 삽입하고 표 스타일을 지정해요.
- 셀을 합쳐요.
- 그림을 삽입하고 복사해요.

▶ 예제 파일 : 고양이.png, 스티커.png, 어린이.png
▶ 완성 파일 : 10_칭찬스티커_완성.show

미션 1 표를 삽입하고 표 스타일을 지정해 보아요.

❶ 슬라이드 레이아웃을 [빈 화면]으로 변경한 후 [편집] 탭-[표(▦)]를 클릭하여 [표 만들기] 대화상자가 나타나면 줄 수 '7', 칸 수 '9'로 지정한 후 [만들기] 단추를 클릭합니다.

❷ 표가 삽입되면 표 크기를 슬라이드 크기에 맞게 조절한 후 [▦] 탭에서 [머리글 행] 체크를 해제하고 표 스타일을 [밝은 스타일 3 - 강조 2]로 지정합니다.

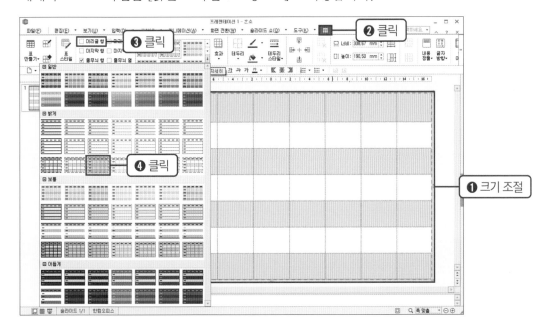

미션 2 셀을 합쳐 보아요.

① 셀 합치기를 적용할 셀을 드래그하여 영역을 지정한 후 ⊞ 탭-[셀 합치기(⊞)]를 클릭합니다.

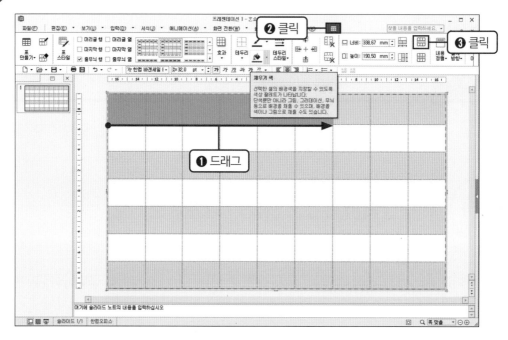

② 같은 방법으로 그림과 같이 셀을 합쳐 봅니다.

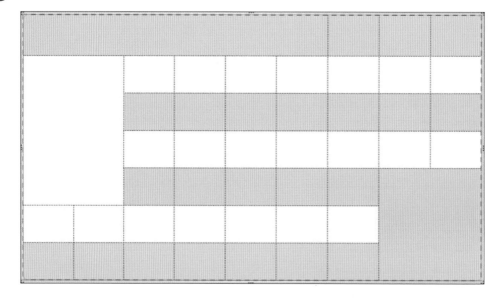

미션 3 **그림을 삽입하고 복사해 보아요.**

❶ 워드숍을 삽입하여 제목을 입력합니다.

워드숍
• 채우기 – 강조 6, 윤곽 – 강조 6 (어두운 계열)
• 글꼴 : 한컴 바겐세일 B
• 크기 : 50pt
• 속성 : 그림자

❷ '스티커.png' 그림을 삽입한 후 Shift + Ctrl 을 누른 상태로 드래그하여 그림을 복사하고 '어린이.png', '고양이.png' 그림을 삽입하여 그림과 같이 칭찬 스티커를 완성합니다.

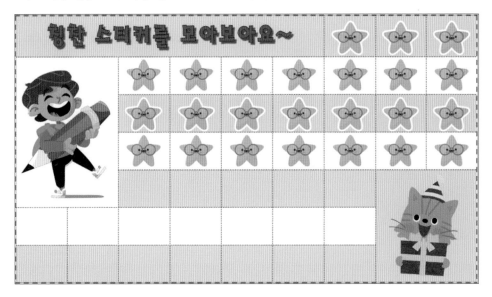

 # 10 혼자 할 수 있어요!

01 그림과 같이 프레젠테이션을 작성하고 '도서부.show'로 저장해 보세요.

• 예제 파일 : 도서부1~4.png
• 완성 파일 : 10_도서부_완성.show

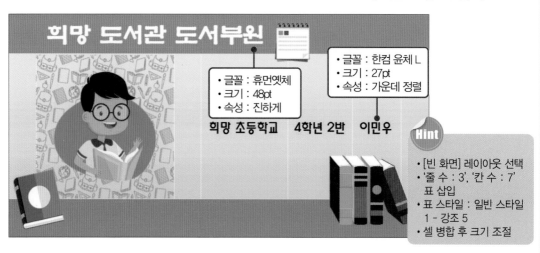

• 글꼴 : 휴먼옛체
• 크기 : 48pt
• 속성 : 진하게

• 글꼴 : 한컴 윤체 L
• 크기 : 27pt
• 속성 : 가운데 정렬

Hint
• [빈 화면] 레이아웃 선택
• '줄 수 : 3', '칸 수 : 7' 표 삽입
• 표 스타일 : 일반 스타일 1 - 강조 5
• 셀 병합 후 크기 조절

02 그림과 같이 프레젠테이션을 작성하고 '다이어리.show'로 저장해 보세요.

• 예제 파일 : 데코.jpg
• 완성 파일 : 10_다이어리_완성.show

• 글꼴 : HY태백B
• 크기 : 20pt
• 속성 : 가운데 정렬

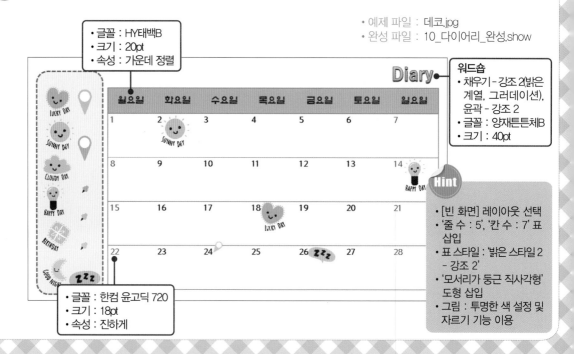

워드숍
• 채우기 - 강조 2(밝은 계열, 그러데이션), 윤곽 - 강조 2
• 글꼴 : 양재튼튼체B
• 크기 : 40pt

Hint
• [빈 화면] 레이아웃 선택
• '줄 수 : 5', '칸 수 : 7' 표 삽입
• 표 스타일 : '밝은 스타일2 - 강조 2'
• '모서리가 둥근 직사각형' 도형 삽입
• 그림 : 투명한 색 설정 및 자르기 기능 이용

• 글꼴 : 한컴 윤고딕 720
• 크기 : 18pt
• 속성 : 진하게

11 차트 삽입하고 서식 지정하기

학습목표

- 차트를 삽입해요.
- 차트에 서식을 적용해요.

▶ 예제 파일 : 봄.png, 여름.png, 가을.png, 겨울.png, 장식.jpg
▶ 완성 파일 : 11_생일_완성.show

 차트를 삽입해 보아요.

① 슬라이드 레이아웃을 [제목만]으로 변경하고 슬라이드를 마우스 오른쪽 단추로 클릭한 후 [배경 속성]을 클릭하여 [배경 속성] 대화상자가 나타나면 [채우기] 탭에서 색을 '강조 3 노른자색 60% 밝게'로 지정합니다.

② 제목을 입력하고 글꼴 서식을 지정한 후 [편집] 탭-[차트(📊)]-[원형]-[2차원 원형]을 선택하고 [차트 데이터 편집] 대화상자가 나타나면 데이터를 입력한 후 [확인] 단추를 클릭합니다.

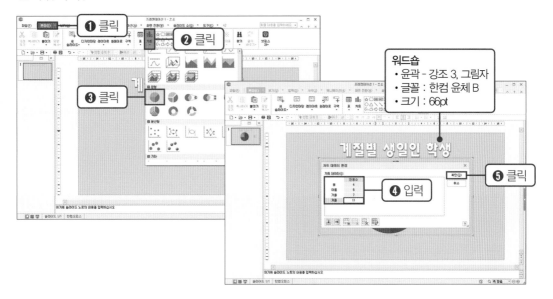

미션 2 **차트에 서식을 적용해 보아요.**

1 삽입된 차트를 선택한 후 [📊] 탭-[스타일 2]를 클릭하여 차트 스타일을 지정합니다.

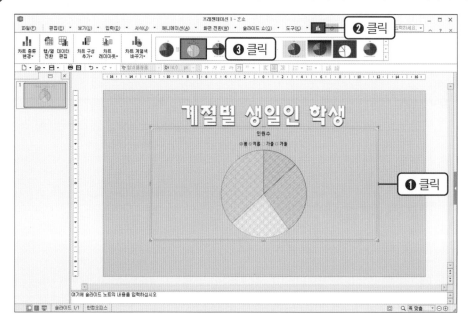

2 [📊] 탭-[차트 구성 추가(📊)]-[차트 제목]-[없음]을 클릭하여 차트 제목을 삭제합니다.

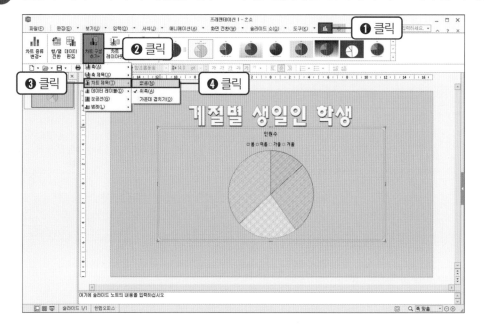

3 차트 영역에서 마우스 오른쪽 단추를 클릭하고 [개체 속성]을 클릭하여 [개체 속성] 대화
상자가 나타나면 [채우기] 탭-[단색]-[색]-[하양]을 선택한 후 [설정] 단추를 클릭합니다.

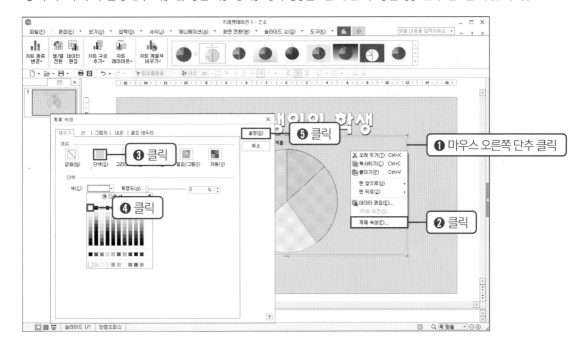

4 범례의 글꼴 서식을 변경하고 그림을 삽입한 후 투명한 색 설정과 자르기 기능을 이용하여
그림과 같이 차트를 완성합니다.

11

혼자 할 수 있어요!

01 그림과 같이 프레젠테이션을 작성하고 '장래희망.show'로 저장해 보세요.

• 예제 파일 : 장래희망1~3.png
• 완성 파일 : 11_장래희망_완성.show

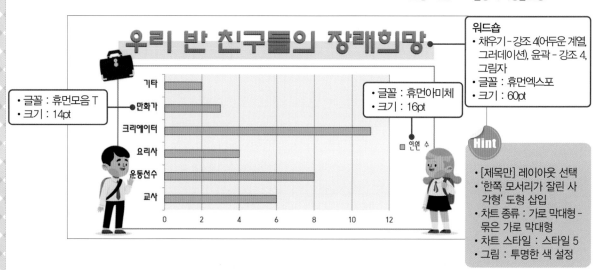

워드숍
• 채우기 - 강조 4(어두운 계열, 그러데이션), 윤곽 - 강조 4, 그림자
• 글꼴 : 휴먼엑스포
• 크기 : 60pt

• 글꼴 : 휴먼모음 T
• 크기 : 14pt

• 글꼴 : 휴먼아미체
• 크기 : 16pt

Hint
• [제목만] 레이아웃 선택
• '한쪽 모서리가 잘린 사각형' 도형 삽입
• 차트 종류 : 가로 막대형 - 묶은 가로 막대형
• 차트 스타일 : 스타일 5
• 그림 : 투명한 색 설정

02 그림과 같이 프레젠테이션을 작성하고 '학생현황.show'로 저장해 보세요.

• 예제 파일 : 학생1~2.png
• 완성 파일 : 11_학생현황_완성.show

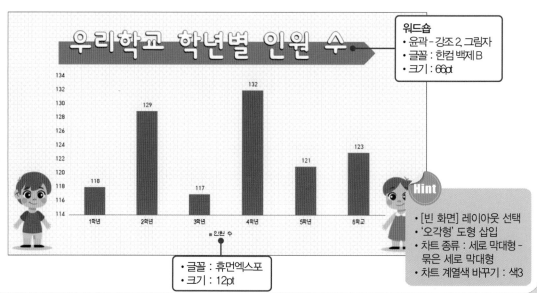

워드숍
• 윤곽 - 강조 2, 그림자
• 글꼴 : 한컴 백제 B
• 크기 : 66pt

Hint
• [빈 화면] 레이아웃 선택
• '오각형' 도형 삽입
• 차트 종류 : 세로 막대형 - 묶은 세로 막대형
• 차트 계열색 바꾸기 : 색3

• 글꼴 : 휴먼엑스포
• 크기 : 12pt

12 하이퍼링크 지정하기

학 습 목 표

- 배경 속성을 그림으로 지정해요.
- 도형 속성을 설정해요.
- 도형에 하이퍼링크를 설정해요.

▶ 예제 파일 : 공주.jpg, 배경.jpg, 사과.png, 성1~2.jpg
▶ 완성 파일 : 12_동화_완성.show

미션1 배경 속성을 그림으로 지정해 보아요.

❶ 슬라이드 레이아웃을 [빈 화면]으로 변경하고 슬라이드를 마우스 오른쪽 단추로 클릭한 후 [배경 속성]을 클릭하여 [배경 속성] 대화상자가 나타나면 [채우기] 탭−[질감/그림]−[그림]을 클릭하여 '배경.jpg' 그림을 삽입합니다.

❷ '공주.jpg' 그림을 삽입한 후 투명한 색 설정과 자르기 기능을 이용하여 그림과 같이 슬라이드를 꾸며 봅니다.

1 '모서리가 둥근 직사각형(▢)' 도형을 삽입한 후 도형을 마우스 오른쪽 단추로 클릭하고 [개체 속성]을 클릭하여 [개체 속성] 대화상자가 나타나면 [채우기] 탭-[단색]-[색]-[하양]을 선택한 후 투명도를 '50%'로 지정합니다. 이어서 도형 안에 제목을 입력하고 글꼴 서식을 지정합니다.

2 '타원(◯)' 도형을 삽입한 후 [도형 스타일]-[보통 효과 - 강조 4], [도형 효과]-[장식]-[기본 장식1]로 지정하고 Ctrl 을 누른 상태로 드래그하여 백설공주와 라푼젤 위쪽에 위치시킵니다.

1 [제목 및 내용 2개] 슬라이드를 3개 추가하고 도형과 그림을 삽입하여 그림과 같은 슬라이드를 완성합니다.

신데렐라

- 계모와 나쁜 언니들에게 시달리던 신데렐라는 요정할머니의 도움으로 호박마차를 타고 성에 가게됩니다.
- 12시 종이 울리면 모든 마법이 풀려버리는 신데렐라는 왕자를 두고 성에서 뛰쳐나오다가 유리구두 한 짝을 두고 오게 됩니다.
- 왕자는 신데렐라를 찾으려 온 나라를 뒤져 결국 신데렐라를 찾게되고 둘은 결혼해서 행복하게 살았답니다.

- 글꼴 : 휴먼모음T
- 크기 : 44pt
- 속성 : 가운데 정렬

- 글꼴 : 휴먼아미체
- 크기 : 33pt

- 도형 스타일 : 보통 효과 - 강조 6
- 도형 효과 : 기본 장식1

백설공주

- 눈처럼 하얀 피부를 가진 백설공주를 새 왕비가 질투합니다.
- 성에서 도망친 백설공주는 숲속의 일곱 난장이와 함께 지내게 됩니다.
- 새 왕비는 숲속에 사는 백설공주를 찾아가 독사과를 먹입니다.
- 왕자가 나타나 백설공주를 구하고 둘은 결혼해서 행복하게 살았답니다.

라푼젤

- 마녀가 젊어지는 꽃의 효력을 가지고 있는 라푼젤을 납치해서 딸처럼 키우고 절대 밖으로 나가지 못하게 합니다.
- 하지만 라푼젤은 자기 생일마다 뜨는 등불을 보러 가고 싶어서 도둑이었던 어떤 남자와 몰래 탈출을 하게 됩니다.
- 등불을 보기위해 성에 도착한 라푼젤은 자기가 공주였다는 것을 알게 됩니다.

❷ '신데렐라' 슬라이드의 '타원' 도형을 선택하고 [입력] 탭-[하이퍼링크(🌐)]를 클릭하여 [하이퍼링크] 대화상자가 나타나면 [연결 대상]-[현재 문서]-[첫째 슬라이드]를 선택한 후 [넣기] 단추를 클릭합니다. 같은 방법으로 '백설공주', '라푼젤' 슬라이드의 '타원' 도형에도 첫째 슬라이드 하이퍼링크를 연결합니다.

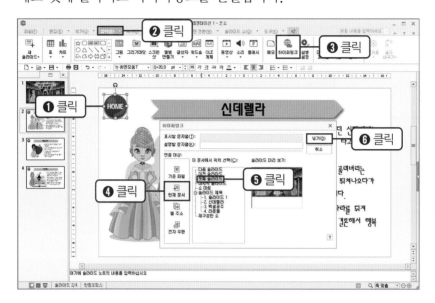

❸ 첫 번째 슬라이드를 선택한 후 '신데렐라' 그림 위 '타원' 도형을 선택하고 [입력] 탭-[하이퍼링크(🌐)]를 클릭하여 [하이퍼링크] 대화상자가 나타나면 [현재 문서]-[슬라이드 제목]-[2. 신데렐라]를 클릭한 후 [넣기] 단추를 클릭합니다.

❹ 같은 방법으로 '백설공주', '라푼젤' 그림 위 '타원' 도형에도 각각의 슬라이드에 하이퍼링크를 연결하고 F5를 눌러 하이퍼링크를 실행해 봅니다.

혼자 할 수 있어요!

• 예제 파일 : 쿠키1~9.jpg
• 완성 파일 : 12_쿠키_완성.show

01 그림과 같이 프레젠테이션을 작성하고 '쿠키.show'로 저장해 보세요.

▲ 슬라이드 1

▲ 슬라이드 2

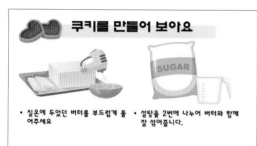

▲ 슬라이드 3

▲ 슬라이드 4

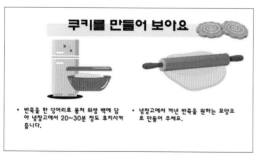

▲ 슬라이드 5

▲ 슬라이드 6

Hint

• 슬라이드 1 레이아웃 : [빈 화면], 배경 속성 - 무늬44
• 슬라이드 2 레이아웃 : [제목 및 내용 2개]
• 슬라이드 3 레이아웃 : [제목 및 내용 4개]
• '타원', '갈매기형 수장', '액자', '부채꼴', '모서리가 둥근 직사각형' 도형 삽입
• 그림 : 투명한 색 설정 및 자르기 기능 이용
• 하이퍼링크 설정

13 슬라이드 마스터 지정하기

• 배경 속성을 그러데이션으로 지정해요.
• 슬라이드 마스터를 지정해요.

▶ 예제 파일 : 별자리.png, 우주.jpg
▶ 완성 파일 : 13_별자리_완성.show

미션 1 배경 속성을 그러데이션으로 지정해 보아요.

① 슬라이드 영역에서 마우스 오른쪽 단추를 클릭한 후 [배경 속성]을 클릭하여 [배경 속성]
대화상자가 나타나면 [그러데이션]을 클릭합니다. 이어서 [중지점]에서 '중지점1'을 클릭
하여 색을 지정하고, '중지점2'를 클릭하여 색을 지정한 후 [적용] 단추를 클릭합니다.

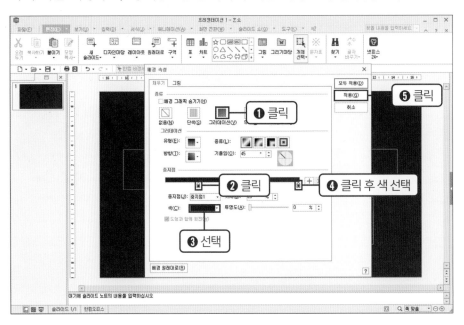

1 제목 및 부제목을 입력한 후 글꼴 서식을 지정하고 그림을 삽입하여 그림과 같이 크기와 위치를 조절합니다.

• 글꼴 : 휴먼엑스포
• 크기 : 88pt

• 글꼴 : 한컴 바겐세일 B
• 크기 : 40pt

2 [제목 및 내용 4개] 슬라이드를 추가한 후 [보기] 탭-[슬라이드 마스터(▤)]를 클릭합니다.

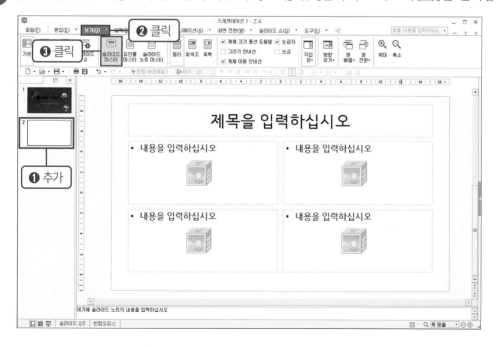

③ [슬라이드 마스터] 창이 나타나면 '오각형(▷)' 도형을 삽입한 후 그러데이션 채우기를 적용하고 도형을 마우스 오른쪽 단추로 클릭하여 [순서]-[맨 뒤로]를 클릭합니다.

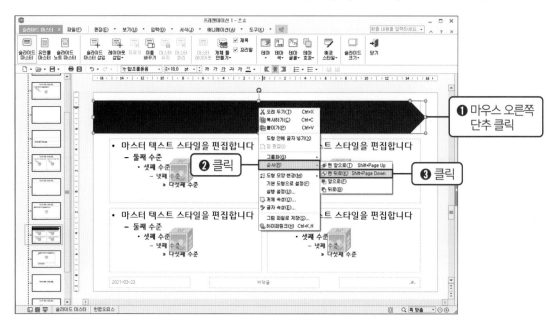

④ 제목을 입력하고 글꼴 서식을 지정한 후 '포인트가 5개인 별(☆)', '포인트가 4개인 별(◇)' 도형을 삽입하여 꾸미고 [슬라이드 마스터] 탭-[닫기(◄)]를 클릭합니다.

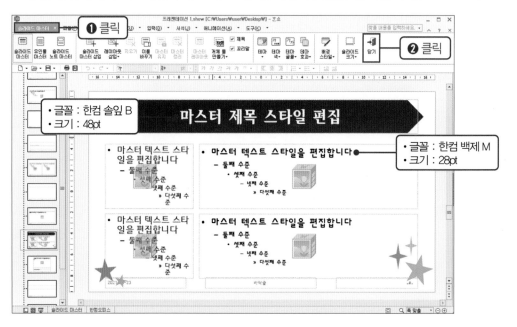

5 제목을 입력한 후 내용 개체 틀 안에 있는 아이콘을 클릭하고 [그림]을 클릭하여 그림을 삽입한 후 그림과 같이 내용을 입력합니다.

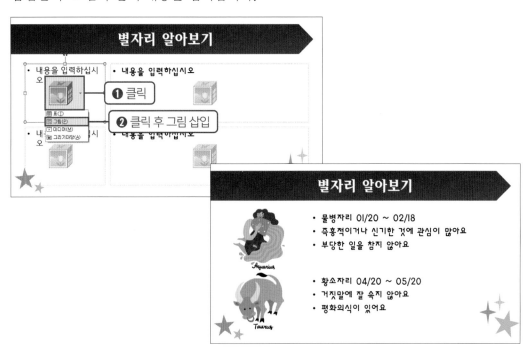

6 슬라이드를 추가하고 **5**와 같은 방법으로 그림을 삽입하고 내용을 입력하여 별자리 이야기를 완성합니다.

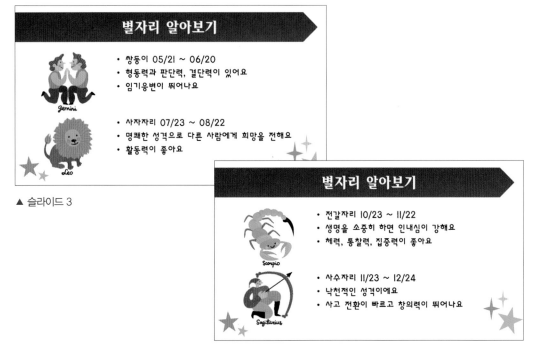

▲ 슬라이드 3

▲ 슬라이드 4

13 혼자 할 수 있어요!

• 예제 파일 : 행성.png
• 완성 파일 : 13_태양계_완성.show

01 그림과 같이 프레젠테이션을 작성하고 '태양계.show'로 저장해 보세요.

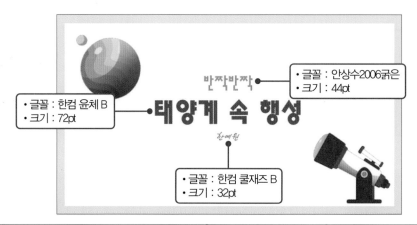

반짝반짝

• 글꼴 : 안상수2006굵은
• 크기 : 44pt

• 글꼴 : 한컴 윤체 B
• 크기 : 72pt

태양계 속 행성

한예원

• 글꼴 : 한컴 쿨재즈 B
• 크기 : 32pt

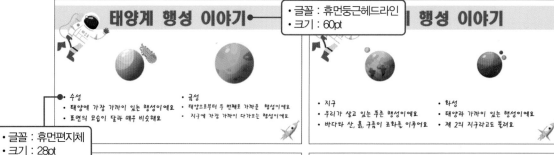

태양계 행성 이야기

• 글꼴 : 휴먼둥근헤드라인
• 크기 : 60pt

행성 이야기

• 수성
• 태양에 가장 가까이 있는 행성이에요
• 표면의 모습이 달과 매우 비슷해요

• 금성
• 태양으로부터 두 번째로 가까운 행성이에요
• 지구에 가장 가까이 다가오는 행성이에요

• 지구
• 우리가 살고 있는 푸른 행성이에요
• 바다와 산, 흙, 구름이 조화를 이루어요

• 화성
• 태양과 가까이 있는 행성이에요
• 제 2의 지구라고도 불려요

• 글꼴 : 휴먼편지체
• 크기 : 28pt

태양계 행성 이야기

• 목성
• 태양계에서 가장 거대해요
• 많은 위성을 지니고 있어요

• 토성
• 아름다운 고리를 지녔어요
• 태양계에서 두 번째로 거대해요

태양계 행성 이야기

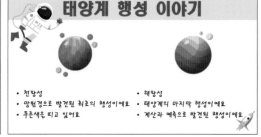

• 천왕성
• 망원경으로 발견된 최초의 행성이에요
• 푸른색을 띠고 있어요

• 해왕성
• 태양계의 마지막 행성이에요
• 계산과 예측으로 발견된 행성이에요

Hint

• 슬라이드 1 레이아웃 : [제목 슬라이드]
• 슬라이드 2~슬라이드 5 레이아웃 : [제목 및 내용 4개]
• 슬라이드 마스터 지정
• 그림 : 투명한 색 설정 및 자르기 기능 이용

14 화면 전환 효과 지정하기

• 슬라이드 화면 전환 효과를 지정해요.
• 실행 단추를 삽입하여 슬라이드를 이동해요.

▶ 예제 파일 : 베트남.jpg, 의상.jpg, 일본.jpg, 중국.jpg, 지도.jpg
▶ 완성 파일 : 14_전통의상_완성.show

미션 1 슬라이드 화면 전환 효과를 지정해 보아요.

❶ 슬라이드 레이아웃을 [빈 화면]으로 변경하고 '지도.jpg' 그림을 삽입한 후 자르기 도구를 이용하여 필요한 영역을 자르고 투명한 색 설정을 적용한 후 그림과 같이 크기와 위치를 조절합니다.

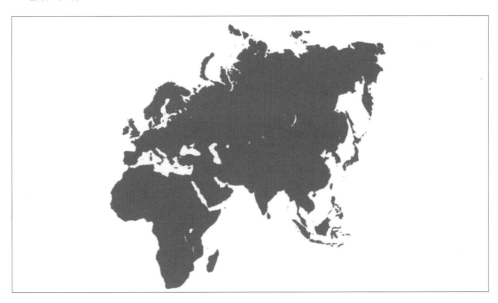

2 그림을 선택한 후 [📷] 탭–[색조 조정(📷)]–[밝은 강조색 4]를 선택하고 [밝기(☀)]–[-10%]를 선택합니다.

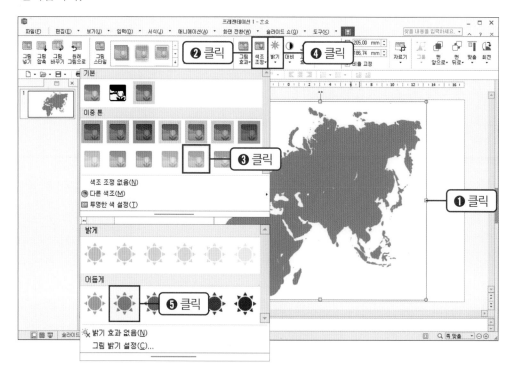

3 그림과 '타원(◯)' 도형을 삽입하여 그림과 같이 슬라이드를 꾸며 봅니다.

④ [제목 및 내용 2개] 슬라이드를 3개 삽입하고 그림과 같이 두 번째~네 번째 슬라이드를 작성합니다.

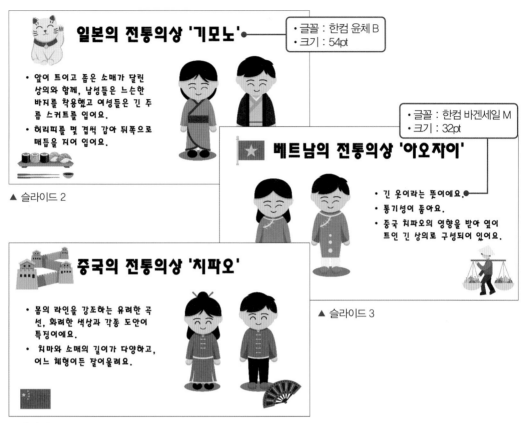

• 글꼴 : 한컴 윤체 B
• 크기 : 54pt

• 글꼴 : 한컴 바겐세일 M
• 크기 : 32pt

▲ 슬라이드 2

▲ 슬라이드 3

▲ 슬라이드 4

⑤ 이어서 [화면 전환] 탭-[색다른 효과]-[꽃잎]을 선택하고 [모두 적용(🔲)]을 클릭하여 화면 전환 효과를 지정합니다.

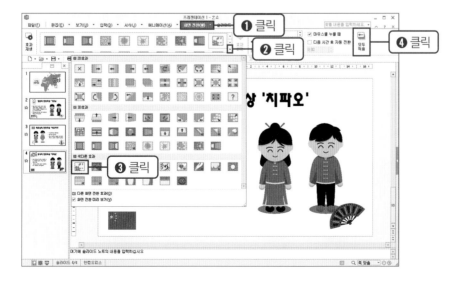

미션 2 실행 단추를 삽입하여 슬라이드를 이동해 보아요.

1 두 번째 슬라이드를 선택한 후 '실행 단추: 홈(🏠)' 도형을 삽입하여 [실행 설정] 대화상자가 나타나면 [하이퍼링크]-[첫째 슬라이드]로 설정되어 있는지 확인한 후 [넣기] 단추를 클릭합니다.

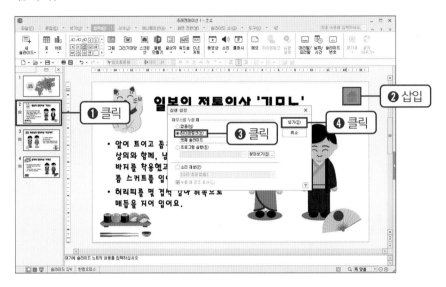

2 [📷] 탭-[도형 스타일]-[테두리 - 강조 4, 채우기 - 본문/배경 밝은 색 1]을 클릭하여 스타일을 지정한 후 도형을 복사하여 세 번째, 네 번째 슬라이드에 붙여 넣습니다.

3 F5를 눌러 슬라이드 쇼를 실행하고 '실행 단추: 홈(🏠)'을 클릭하여 슬라이드가 이동되는지 확인합니다.

14 혼자 할 수 있어요!

• 예제 파일 : 랜드마크.jpg
• 완성 파일 : 14_랜드마크_완성.show

01 그림과 같이 프레젠테이션을 작성하고 '랜드마크.show'로 저장해 보세요.

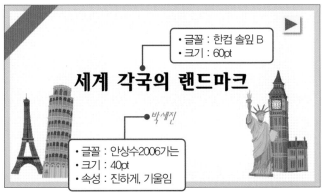

• 글꼴 : 한컴 솔잎 B
• 크기 : 60pt

세계 각국의 랜드마크

박세진

• 글꼴 : 안상수2006가는
• 크기 : 40pt
• 속성 : 진하게, 기울임

▲ 슬라이드 1

이집트의 피라미드와 스핑크스

수많은 학자가 연구했지만, 아직 명확하게 밝혀진 것이 없는 세계 7대 불가사의 중 하나 입니다.

• 글꼴 : 휴먼옛체
• 크기 : 44pt
• 속성 : 진하게

▲ 슬라이드 2

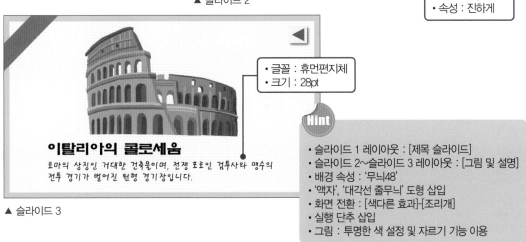

• 글꼴 : 휴먼편지체
• 크기 : 28pt

이탈리아의 콜로세움

로마의 상징인 거대한 건축물이며, 전쟁 포로인 검투사와 맹수의 전투 경기가 벌어진 원형 경기장입니다.

▲ 슬라이드 3

Hint
• 슬라이드 1 레이아웃 : [제목 슬라이드]
• 슬라이드 2~슬라이드 3 레이아웃 : [그림 및 설명]
• 배경 속성 : '무늬48'
• '액자', '대각선 줄무늬' 도형 삽입
• 화면 전환 : [색다른 효과]-[조리개]
• 실행 단추 삽입
• 그림 : 투명한 색 설정 및 자르기 기능 이용

15 애니메이션 지정하기

• 애니메이션을 지정해요.
• 애니메이션 효과를 지정해요.

▶ 예제 파일 : 15_전통의상.show
▶ 완성 파일 : 15_전통의상_완성.show

미션1 애니메이션을 지정해 보아요.

❶ [파일] 탭-[불러오기(📁)] 메뉴를 클릭하여 '15_전통의상.show' 파일을 불러온 후 첫 번째 슬라이드의 '타원' 도형을 선택하고 [애니메이션] 탭-[나타내기]-[닦아내기]를 클릭한 후 [효과 설정(🔧)]-[아래로]를 클릭합니다.

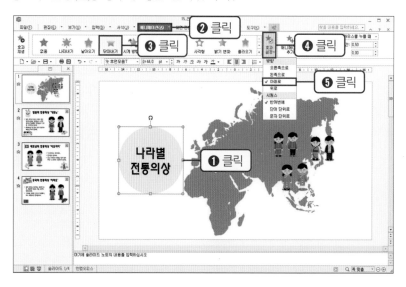

❷ 이어서 [시작]-[이전 효과와 함께]를 선택합니다.

선택

3 [Shift]를 누른 상태로 그림을 모두 클릭합니다.

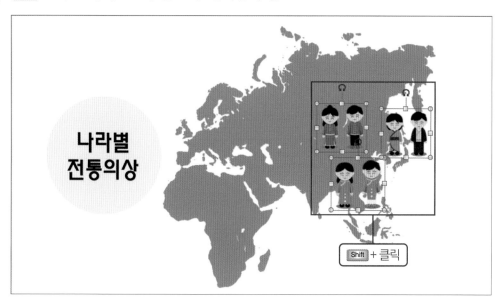

4 이어서 [애니메이션] 탭-[나타내기]-[회전하기]를 선택한 후 [시작]-[이전 효과 다음에]를
선택합니다.

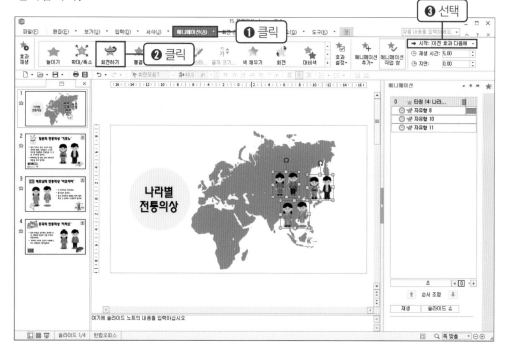

미션 2 애니메이션 효과를 지정해 보아요.

1 두 번째 슬라이드를 선택하고 [Shift]를 누른 상태로 그림을 모두 선택한 후 [애니메이션] 탭-
[강조]-[깜박이기]를 클릭합니다.

2 이어서 [애니메이션 작업창(⭐)]을 클릭하여 화면 오른쪽에 [애니메이션] 창이 나타나면 [애니
메이션] 창에서 마우스 오른쪽 단추를 클릭하고 [효과 설정]을 클릭합니다. [애니메이션] 대화
상자가 나타나면 [타이밍] 탭에서 그림과 같이 지정한 후 [확인] 단추를 클릭합니다.

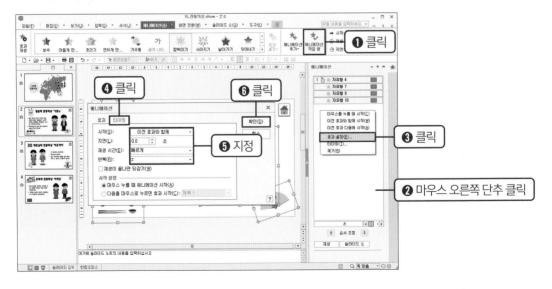

3 같은 방법으로 세 번째, 네 번째 슬라이드 그림에도 애니메이션을 지정합니다.

15 혼자 할 수 있어요!

• 예제 파일 : 15_랜드마크.show
• 완성 파일 : 15_랜드마크_완성.show

01 예제 파일을 불러와 그림과 같이 애니메이션을 지정해 보세요.

• 효과 : 사각형
• 시작 : 이전 효과와 같이

• 효과 : 밝기 변화
• 시작 : 이전 효과 다음에

▲ 슬라이드 1

• 효과 : 모자이크
• 시작 : 마우스를 누를 때

▲ 슬라이드 2

• 효과 : 물결
• 시작 : 마우스를 누를 때

▲ 슬라이드 3

16 동영상과 소리 삽입하기

학 습 목 표

• 슬라이드에 동영상 파일을 삽입해요.
• 슬라이드에 소리 파일을 삽입해요.

▶ 예제 파일 : 동영상1.mp4, 음악1.mp3, 액자1.jpg
▶ 완성 파일 : 16_장난감나라_완성.show

미션1 **슬라이드에 동영상 파일을 삽입해 보아요.**

❶ 슬라이드 레이아웃을 [빈 화면]으로 변경한 후 '액자1.jpg' 그림을 삽입하고 [입력] 탭-
[동영상(▶)]을 클릭하여 [동영상 넣기] 대화상자가 나타나면 '동영상1.mp4'를 선택한 후
[미디어 삽입] 대화상자가 나타나면 [자동 실행]을 클릭하고 [확인] 단추를 클릭합니다.

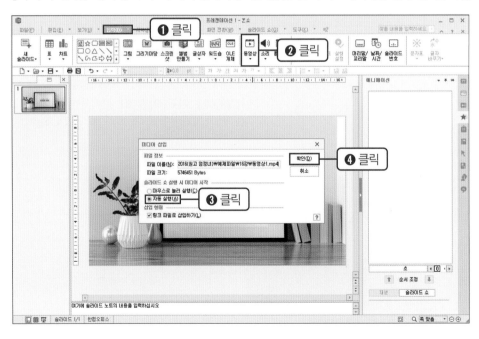

❷ 동영상이 삽입되면 동영상의 크기를 액자 프레임에 맞게 조절합니다.

미션 2 슬라이드에 소리 파일을 삽입해 보아요.

1 [입력] 탭-[소리(🔊)]를 클릭하여 [소리 넣기] 대화상자가 나타나면 '음악1.mp3' 파일을 선택하고 [미디어 삽입] 대화상자가 나타나면 [자동 실행]을 클릭한 후 [확인] 단추를 클릭합니다.

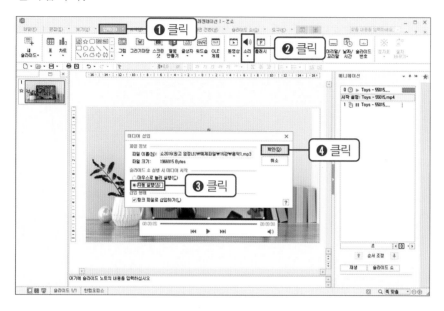

2 소리 파일이 삽입되면 위치를 조절한 후 [🔊] 탭-[쇼 동안 숨기기]를 클릭하여 슬라이드 쇼가 진행되는 동안 소리 파일이 보이지 않도록 합니다.

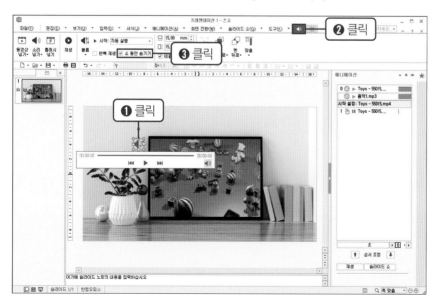

③ [입력] 탭-[워드숍()]-[채우기 - 강조 6(밝은 계열, 그러데이션), 윤곽 - 강조 6]을 선택한 후 제목을 입력하고 [글자 효과(**가**)]-[변환]-[사각형]을 선택합니다.

④ [입력] 탭-[그리기마당(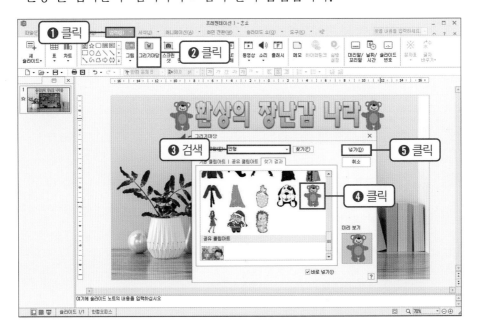)]을 클릭하여 [그리기마당] 대화상자가 나타나면 검색창에 "인형"을 입력한 후 검색하여 그림과 같이 삽입합니다.

⑤ F5를 눌러 슬라이드 쇼를 감상합니다.

16 혼자 할 수 있어요!

• 예제 파일 : 동영상2.mp4, 음악2.mp3, 액자2.jpg, 크리스마스1~2.jpg
• 완성 파일 : 16_크리스마스_완성.show

01 그림과 같이 프레젠테이션을 작성하고 소리 파일을 삽입해 보세요.

Hint

• [빈 화면] 레이아웃 선택
• 소리 : 자동 실행, 쇼 동안 숨기기
• 그림 : 투명한 색 설정 및 자르기 기능 이용

02 그림과 같이 동영상을 삽입하고 '크리스마스.show'로 저장해 보세요.

Hint

동영상 : 자동 실행, '진한 회색 무광' 스타일

01 솜씨 어때요?

01 도형, 클립아트, 글상자를 이용하여 그림과 같은 슬라이드를 완성해 보세요.

• 완성 파일 : 솜씨어때요01_완성.show

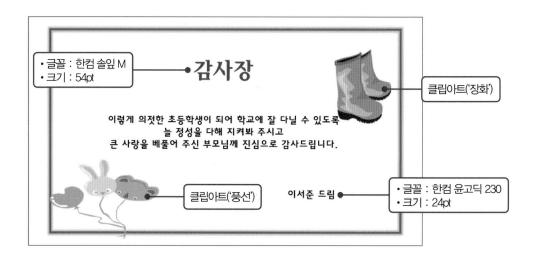

- 글꼴 : 한컴 솔잎 M
- 크기 : 54pt

감사장

클립아트('장화')

이렇게 의젓한 초등학생이 되어 학교에 잘 다닐 수 있도록
늘 정성을 다해 지켜봐 주시고
큰 사랑을 베풀어 주신 부모님께 진심으로 감사드립니다.

클립아트('풍선')

이서준 드림

- 글꼴 : 한컴 윤고딕 230
- 크기 : 24pt

02 투명한 색 설정과 자르기 기능을 이용하여 그림과 같은 슬라이드를 완성해 보세요.

• 예제 파일 : 동물.jpg, 알파벳.jpg
• 완성 파일 : 솜씨어때요02_완성.show

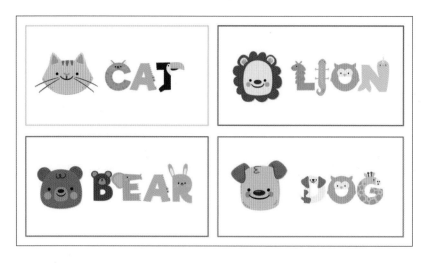

솜씨 어때요?

01 표와 자르기 기능을 이용하여 그림과 같은 슬라이드를 완성해 보세요.

• 예제 파일 : 달력.jpg
• 완성 파일 : 솜씨어때요03_완성.show

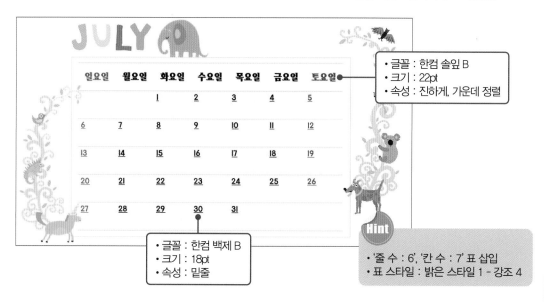

• 글꼴 : 한컴 솔잎 B
• 크기 : 22pt
• 속성 : 진하게, 가운데 정렬

• 글꼴 : 한컴 백제 B
• 크기 : 18pt
• 속성 : 밑줄

Hint
• '줄 수 : 6', '칸 수 : 7' 표 삽입
• 표 스타일 : 밝은 스타일 1 - 강조 4

02 도형 복사 기능을 이용하여 그림과 같은 슬라이드를 완성해 보세요.

• 완성 파일 : 솜씨어때요04_완성.show

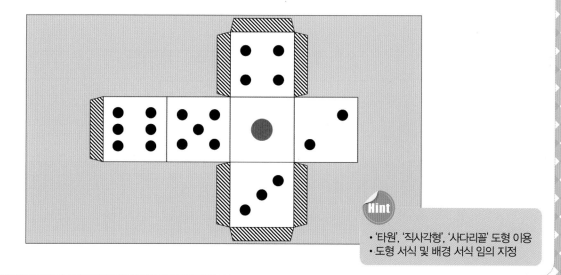

Hint
• '타원', '직사각형', '사다리꼴' 도형 이용
• 도형 서식 및 배경 서식 임의 지정

03 솜씨 어때요?

01 표, 도형 복사, 그룹화 기능을 이용하여 그림과 같은 슬라이드를 완성해 보세요.

- 예제 파일 : 초콜릿1~3.jpg
- 완성 파일 : 솜씨어때요05_완성.show

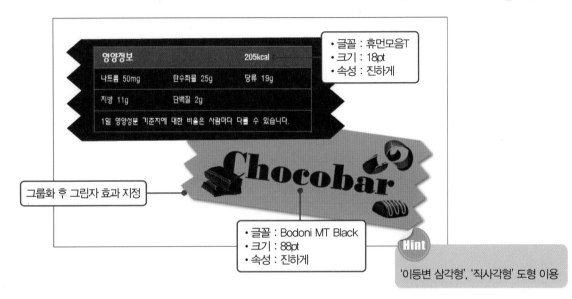

- 글꼴 : 휴먼모음T
- 크기 : 18pt
- 속성 : 진하게

그룹화 후 그림자 효과 지정

- 글꼴 : Bodoni MT Black
- 크기 : 88pt
- 속성 : 진하게

Hint
'이등변 삼각형', '직사각형' 도형 이용

02 투명한 색 설정 및 자르기 기능을 이용하여 그림과 같은 슬라이드를 완성해 보세요.

- 예제 파일 : 사이버폭력1~3.jpg
- 완성 파일 : 솜씨어때요06_완성.show

- 글꼴 : 휴먼옛체
- 크기 : 60pt

- 글꼴 : 문체부 쓰기 정체
- 크기 : 28pt

04 솜씨 어때요?

• 예제 파일 : 키1~7.jpg
• 완성 파일 : 솜씨어때요07_완성.show

01 화면 전환과 애니메이션 기능을 이용하여 그림과 같은 슬라이드를 완성해 보세요.

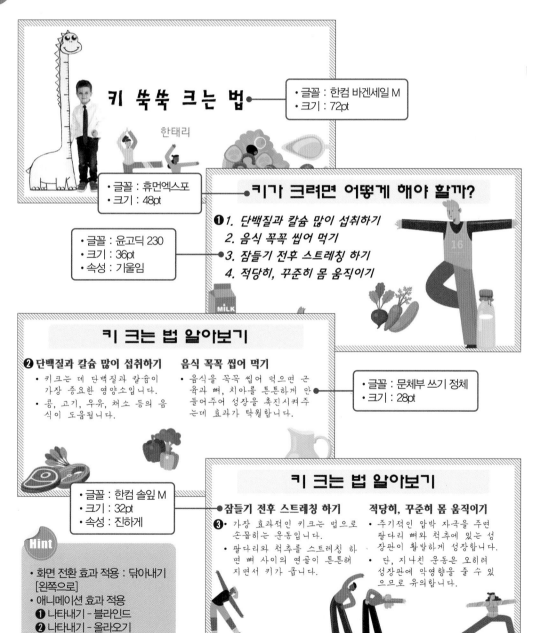

• 글꼴 : 한컴 바겐세일 M
• 크기 : 72pt

• 글꼴 : 휴먼엑스포
• 크기 : 48pt

• 글꼴 : 윤고딕 230
• 크기 : 36pt
• 속성 : 기울임

키가 크려면 어떻게 해야 할까?
❶ 1. 단백질과 칼슘 많이 섭취하기
2. 음식 꼭꼭 씹어 먹기
3. 잠들기 전후 스트레칭 하기
4. 적당히, 꾸준히 몸 움직이기

키 크는 법 알아보기
❷ 단백질과 칼슘 많이 섭취하기
• 키크는 데 단백질과 칼슘이 가장 중요한 영양소입니다.
• 콩, 고기, 우유, 채소 등의 음식이 도움됩니다.

음식 꼭꼭 씹어 먹기
• 음식을 꼭꼭 씹어 먹으면 근육과 뼈, 치아를 튼튼하게 만들어주어 성장을 촉진시켜주는데 효과가 탁월합니다.

• 글꼴 : 문체부 쓰기 정체
• 크기 : 28pt

• 글꼴 : 한컴 솔잎 M
• 크기 : 32pt
• 속성 : 진하게

키 크는 법 알아보기
잠들기 전후 스트레칭 하기
❸ 가장 효과적인 키크는 법으로 손꼽히는 운동입니다.
• 팔다리와 척추를 스트레칭 하면 뼈 사이의 연골이 튼튼해지면서 키가 큽니다.

적당히, 꾸준히 몸 움직이기
• 주기적인 압박 자극을 주면 팔다리 뼈와 척추에 있는 성장판이 활발하게 성장합니다.
• 단, 지나친 운동은 오히려 성장판에 악영향을 줄 수 있으므로 유의합니다.

Hint
• 화면 전환 효과 적용 : 닦아내기 [왼쪽으로]
• 애니메이션 효과 적용
❶ 나타내기 - 블라인드
❷ 나타내기 - 올라오기
❸ 나타내기 - 닦아내기